AF440211

LA

# MONARCHIE

ET LA QUESTION

# DU DRAPEAU

PAR

## AUGUSTE NICOLAS

Appendice à la RÉVOLUTION ET L'ORDRE CHRÉTIEN.

PARIS

ÉMILE VATON, LIBRAIRE-ÉDITEUR

77, BOULEVARD SAINT-GERMAIN

# LA
# MONARCHIE
### ET LA QUESTION
# DU DRAPEAU

Paris. — Imp. Viéville et Capiomont, 6 , rue des Poitevins.

# LA
# MONARCHIE

## ET LA QUESTION

# DU DRAPEAU

PAR

## AUGUSTE NICOLAS

Appendice à la Révolution et l'Ordre chrétien.

PARIS

ÉMILE VATON, LIBRAIRE-ÉDITEUR

77, BOULEVARD SAINT-GERMAIN

1873

LA

# MONARCHIE

ET LA QUESTION

## DU DRAPEAU

---

Dans l'espace des six mois écoulés depuis la publication de *la Révolution et l'Ordre chrétien*, des événements inattendus, et qui ont été comme le premier sourire de la bonne fortune après tant de maux, se sont produits dans la ligne de nos vœux et de nos efforts.

Outre l'évolution du 24 mai, qui nous arrêtait et nous asseyait un peu sur la pente des derniers abîmes, ce qu'on poursuivait depuis si longtemps, si vainement et si faussement, sous le nom de *fusion*, — la reconstitution de la Maison de France, — s'est accompli de la bonne manière, grâce à un de ces mouvements de détente par lesquels le devoir et l'honneur, longtemps retenus, partent comme un trait, en échappant au calcul des partis. La loyale démarche de M. le comte de Paris auprès de M. le comte de

Chambord a fait du 5 août 1873 une date mémorable.

Ces deux événements en préparaient un troisième, qui se fût accompli au delà de nos espérances, si les esprits et les caractères n'eussent pas été aussi profondément atteints du mal que lui seul pourra guérir : la Restauration de la Monarchie traditionnelle, et, par elle, de l'Ordre chrétien.

Nous avons vu le port et nous allions y entrer. Mais ce n'était encore qu'un mirage, et nous avons été rejetés dans le flottant odyssée de nos périls et de nos douleurs.

Je dois confesser n'avoir jamais bien cru, pour le moment, à cette Restauration, comme il convient qu'elle se fasse, autant que je professe d'y croire dans un avenir dont l'heure se dérobe encore à nos yeux, quoique peut-être prochaine.

Il est à remarquer, en effet, que ce qui a paru rendre un moment la Monarchie faisable, est précisément ce qui en a fait proroger l'événement ; et que ce qui en a fait proroger l'événement le rendra plus satisfaisant et plus durable.

Sans les méprises et les malentendus qui en aplanissaient l'accès à nos préventions, la tentative en eût été comme impossible. Mais cette tentative qui, si elle eut abouti dans ces fausses conditions, nous aurait fait pour le lendemain une situation pire que celle de la veille, aura eu cet avantage de nous habituer à l'idée de la monarchie, et de nous la faire accepter dans ses véritables et saines conditions pour un temps meilleur.

Il en aura été comme d'une navigation difficile, qui ne permet d'entrer franchement dans le port, si près qu'on en approche, qu'en reprenant le large et qu'en louvoyant.

Mais pour qu'elle ne soit pas vaine encore, il importe de mettre à profit les enseignements qui se sont produits dans les derniers événements : je veux parler des négociations entamées avec M. le comte de Chambord sur la question de nos libertés nationales et du drapeau, et de la lettre-manifeste du Prince qui y a mis un terme.

Dans ce but, j'avais essayé de conjurer les périls qui se cachaient sous ces négociations, dans une brochure qui paraissait le jour même où le manifeste est venu faire la lumière ; et, après ce manifeste, je traçais quelques nouvelles lignes sur les sentiments et les résolutions qu'il devait nous inspirer.

Dans le premier de ces écrits, je me plaçais dans l'hypothèse de la modification, non du changement du drapeau actuel, et en réservant toute solution à l'initiative du prince, je montrais que, dans cette hypothèse, il n'y avait pas pour lui cette diminution que les partis plus ou moins antimonarchiques voulaient en faire résulter.

Dans le second, M. le comte de Chambord ayant jugé lui-même, à un point de vue qu'on ne peut qu'honorer, la situation qui lui était faite, et s'étant dégagé du réseau de fausses interprétations et de conséquences abusives où il s'est senti enveloppé, je montre qu'il n'en est que plus digne de nous, et qu'il se recommande à notre retour par les raisons mêmes qui dans ce moment nous éloignent.

Ces deux empreintes, prises sur le vif de la crise que nous venons de traverser, avant et après, ne paraissent pas indifférentes à fixer, pour servir comme de repère historique à ce retour, dans le labyrinthe où nous sommes.

25 octobre 1873.

J'ai toujours estimé, disais-je avant la lettre de
M. le comte de Chambord, qu'il est des questions
qu'on ne doit pas prématurément engager et agiter :
parce qu'elles ont leur heure ; parce qu'elles sont
enveloppées dans d'autres questions préalables d'où
leur solution sort comme d'elle-même quand cette
heure est venue, et qu'on ne lui a pas préparé des
obstacles en intervertissant cet ordre de solution ;
surtout parce que les circonstances et les situations
dernières portent avec elles des lumières et des in-
fluences le plus souvent décisives, dont on est d'autant plus admis à s'autoriser qu'on ne les a devancées
par aucun parti pris, et qu'on a su se réserver au rôle
plus modeste, mais mieux venu, de leur interprète.

Je ne prétends pas, par là, faire la leçon à ceux dont
la supériorité ou le zèle s'est cru en droit de se porter
en avant, de longue date, dans un sens ou dans un
autre, sur ces questions, et qui ont pu se croire assez
sûrs de leur désintéressement pour faire un jour à la
chose publique le sacrifice de leur opinion si elle est
contraire, ou pour ne pas en tirer un avantage abusif
si elle est conforme à celle qui est appelée à prévaloir.
Je n'entends donner ici que la mesure humaine. Il
n'est pas donné à tous de devancer les choses et de les

plier de loin à leur sens. C'est un rôle aventureux et hardi auquel le commun, qui n'est pas le moins pourvu de sens, préférera toujours celui de serviteur de la Providence, marchant son pas, et ne se croyant avoir grâce d'état que pour résoudre les questions à l'heure seulement où elle les pose.

Telle est en ce moment, — un des plus solennels qui ait jamais été dans les destinées de la France, — *la question du Drapeau*, de sa signification, de tous ses accompagnements et de toutes ses conséquences, tel que le tout résulte de l'accord préparé entre M. le comte de Chambord et les délégués de la majorité de l'Assemblée à qui la France a confié son salut.

Je dois d'abord dire ce qui me détermine, puis ce qui m'autorise, pour ma part, à émettre mon sentiment sur cette grave et délicate question.

Ce qui m'y détermine, c'est qu'il importe au plus haut point, au moment où nous allons entrer enfin, après tant de révolutions et de calamités, dans une ère de restauration, de pacification et de concorde, de dégager la situation de toutes les équivoques, de tous les malentendus et de toutes les fausses interprétations dont l'esprit de parti ne manquera pas de vouloir susciter les funestes éléments ; de ne laisser derrière nous aucun germe de discorde, et de ne rivaliser que de désintéressement et de droites intentions à cette grande œuvre. Certes ! nous aurons bien assez des irréconciliables ennemis de l'ordre social à éclairer, à désarmer ou à combattre, sans nous donner le luxe de divisions politiques entre honnêtes gens. Nous aurons bien assez

de ruines à relever, d'institutions à refaire, de réformes
à opérer, de satisfactions légitimes à donner, de vrais
progrès à réaliser, sans nous disputer le titre même
auquel nous le ferons, sans fausser l'instrument, et
nous préparer à nous-mêmes, fût-ce de loin, une rechute
qui, cette fois, serait irrémédiablement la dernière. Car
il est aisé de calculer qu'au point où en est venu le mal,
le salut qui nous est ménagé est providentiel et suprême. Malheur à qui ne le voit pas, ou qui, le voyant,
est assez criminel pour ne pas faire à cet intérêt public, si extrême et payé si cher, le large sacrifice de ses opiniâtretés et de ses visées person-
nelles !

Or, pour aller droit à la première épreuve de cette
situation, à la fausse idée qu'il importe le plus d'écarter et de ne pas laisser s'introduire dans les fonde-
ments de l'édifice, il me paraît important de prémunir
l'opinion contre la disposition où elle pourrait être à
voir dans la conduite de M. le comte de Chambord une
diminution de son grand caractère, un relâchement de
son principe monarchique, de son droit et de son honneur, une contradiction entre ses précédents manifestes et les conditions auxquelles sa sagesse et son
amour du pays, non du trône, le détermineraient à
se prêter.

En cela, je n'ai pas la ridicule prétention de subvenir
à qui se tient si bien par lui-même. N'ayant d'autre
souci que la vérité, je viens la dégager dans l'intérêt
du Pays, et, s'il m'est permis de le dire, pour mon
compte.

La meilleure preuve, en effet, de ce mobile de ma détermination, c'est ce qui l'autorise.

Dans mon livre *la Révolution et l'Ordre chrétien,* écrit avant le 5 août, avant le 24 mai, dans une situation par conséquent toute contraire à celle que les deux grands événements qui se rattachent à ces deux dates sont venus faire à la France, j'ai moi-même professé tout à la fois, et les vraies libertés nationales dans toute leur étendue, et le principe monarchique dans toute son intégrité, non-seulement comme conciliables, mais comme réciproquement nécessaires.

Mon sentiment actuel, le même qu'alors, n'est donc pas *pour les besoins de la cause.*

Je me suis prononcé pour la monarchie telle qu'elle est personnifiée dans M. le comte de Chambord : c'est-à-dire *antirévolutionnaire;* et j'ai fait à la Révolution un assez rude procès pour ne pas être soupçonné de faiblir devant elle.

Je me suis prononcé pour ce manifeste du *Drapeau blanc* qui a enlevé l'admiration et forcé l'estime, et, en me plaçant à un point de vue rétrospectif, je maintiens, à l'heure qu'il est, le même sentiment.

Mais je maintiens ces sentiments dans les conditions et dans les termes où je les ai professés.

Or, de ces conditions et de ces termes, il résulte que la Monarchie traditionnelle, personnifiée dans M. le comte de Chambord, si anti-révolutionnaire qu'elle soit, ou plutôt par cela même, n'en est que moins absolutiste, que mieux libérale, que mieux appropriée aux besoins des temps, et que ce qu'on appel-

lerait, de sa part, relâchement et diminution n'est que
tempérament et que régime.

Il en résulte, en ce qui touche le manifeste du
4 juillet 1871 sur le Drapeau blanc, considéré à son
moment, qu'il n'a pas été une faute, mais une haute
affirmation politique à laquelle nous devons tout le
mérite et tout le noble caractère de *la Fusion*, et qui
(cette fusion ainsi loyalement éprouvée) ne saurait être
aujourd'hui le sujet d'aucune contradiction ni d'aucun
embarras.

Ce sont ces deux propositions que je demande la
permission d'établir.


I


## LES LIBERTÉS NATIONALES


Je me suis efforcé, sur ce point, de dissiper tous les
fantômes et de mettre en lumière toutes les vérités. Je
ne saurais recommencer ici ce travail. Pour montrer
seulement dans quel esprit j'y envisageais la Monarchie, tout en repoussant la Révolution, je demande la
permission de rappeler quelques passages :

« Reste, disais-je, la préoccupation de savoir si l'an-
« tique Monarchie — d'autant plus monarchie qu'elle
« est plus antique, et qu'il ne dépend pas heureuse-

« ment de nous de faire autrement, — se fera elle-
« même aux temps nouveaux.

« Et pourquoi pas ?

« Il est à remarquer précisément que cette monar-
« chie, que, faute de lumière ou de réflexion, nous ne
« voyons que comme arriérée dans le passé, a toujours
« été en avant de son époque ; n'a cessé, non-seule-
« ment de se transformer, mais d'être le premier
« agent de toutes les transformations progressives qui
« nous ont toujours tenus à la tête de la civilisation
« en Europe. Depuis Clovis jusqu'à Louis XVIII, com-
« bien de genres de monarchie n'avons-nous pas eus !
« La monarchie d'Établissement, la monarchie Féo-
« dale, la monarchie des Croisades, la monarchie des
« Communes, la monarchie des États, la monarchie
« des Parlements, la monarchie des Lettres, la monar-
« chie d'Administration, la Monarchie des Réformes et
« des Libertés nationales, la monarchie Constitution-
« nelle enfin. Il est à remarquer, surtout, que la mo-
« narchie, en France, jusqu'à Louis XIV, n'a cessé de
« travailler à dégager l'avénement du Tiers État des
« étreintes de la féodalité. Il est à remarquer enfin
« que tout ce que nous avons de libertés modernes
« véritables, c'est à son initiative que nous les devons,
« contre la Révolution qui ne s'en prévaut que pour
« s'arroger le droit de les confisquer, et que nous
« n'en avons jamais tant et si honorablement joui que
« sous son sceptre.

« C'est là même ce qui a fait de la Monarchie fran-
« çaise une monarchie sans pareille en Europe. Elle a

« toujours été, à chaque phase de nos évolutions, l'in-
« carnation vivante de notre génie national.

« Et maintenant, aujourd'hui, pourquoi la Royauté
« dérogerait-elle à cet esprit d'appropriation à son
« époque ?

« Croit-on qu'après toute une vie d'observation,
« d'étude et de méditation sur les événements, les
« choses et les hommes, appliquée à son métier de
« Roi, et inspirée par le plus pur désintéressement,
« M. le comte de Chambord en soit à savoir que ce qui
« caractérise la Monarchie, autant que son principe,
« c'est, de façons diverses mais constantes, la *Repré-*
« *sentation du Pays ?* Croit-on qu'il ignore que c'est
« en France surtout que la Monarchie a toujours eu
« ce caractère sainement libéral, dans des mesures et
« sous des formes diverses; mais qui, pour n'être pas
« toujours écrit et rigide, n'en était pas moins *ès cœurs*
« des Français, et n'en était que plus flexible aux be-
« soins des temps ? Louis XIV seul y a dérogé ; mais,
« malgré tout ce que j'ai moi-même infligé de blâme
« à l'Ancien Régime, il faut reconnaître qu'en cela
« même il n'a pas été contre le gré de la nation, cou-
« pable volontaire et enthousiaste elle-même, alors,
« de l'absolutisme royal que tant de gloires tempé-
« raient, et qu'il n'a été l'idole du Grand Siècle que
« parce qu'il en faisait les honneurs. Jamais un Roi
« de France n'a tenu tête à la nation; et Louis XIV
« lui-même, aujourd'hui, saurait compter avec elle.

« M. le comte de Chambord sait cela mieux que
« nous. Son sang, qui n'est pas seulement de

« Louis XIV, mais de saint Louis, de Henri IV et de
« Louis XVI, le lui dit assez (1). »

Ainsi disais-je il y a un an.

Est-ce que je me hasardais beaucoup en présentant
ainsi la monarchie dans M. le comte de Chambord?

M. le comte de Chambord n'est pas homme à manifestes, dans un temps tout placardé de manifestes.
Il ne s'offre pas. Il se tient. Il s'est tenu surtout tant
qu'on a voulu le rabattre. Mais il est aussi trop loyal
et trop franc, je ne dis pas pour dissimuler sa pensée,
mais pour ne pas la laisser éclater à toute occasion où
bien d'autres la réserveraient. C'est ce qu'il a fait depuis
trente ans, dans une correspondance dont chaque
pièce a été publiée en son temps, et dont le recueil
forme aujourd'hui comme le dossier le plus irrécusa-
ble de ses convictions et de ses principes. Trente ans
de jugements et de sentiments semés à travers nos
agitations et nos révolutions, périlleuses pour tant
d'esprits et de caractères! Quel est celui qui serait à
l'épreuve d'une telle exhibition? quel manifeste du
moment vaudrait cette manifestation de toute une
vie?

Eh bien, qu'en résulte-t-il?

Je vais laisser parler un appréciateur qu'on ne peut
suspecter, d'autant qu'alors il ajournait toute conclu-
sion politique.

« Je viens de passer deux heures en haute et douce
« compagnie, — disait M. Henry de Pène dans *Paris-*

(1) *La Révolution et l'Ordre chrétien*, p. 355, 366, 370, 371 de
la 1re édition.

« *Journal* du 15 septembre 1873. — Je viens de
« relire la collection des lettres de M. le comte de
« Chambord de 1841 à 1871. Trente ans de corres-
« pondance ! et dans ces trente années, pas un mot
« que la conscience de l'auguste prince ait à regretter,
« pas une syllabe de cet exilé de naissance que les
« Français puissent maudire, pas une défaillance de
« ce noble esprit, pas un détour de la part de cette
« ligne droite, pas une colère de la part de ce mé-
« connu... On sort de cette lecture meilleur, comme
« d'un bain de loyauté. Chaque lettre, pour ainsi dire,
« est une station aux pieds de quelque vertu patrio-
« tique ou chrétienne.

« Ce n'est pas à dire que M. le comte de Chambord
« soit un saint du temps passé, pétrifié dans sa niche.
« Il n'a pas même cela contre lui. Il est juste, il est
« moderne, il est libéral, vous dis-je, autant que pas
« un d'entre vous ; et s'il vaut mieux que les hommes
« de son temps, ce n'est pas à dire qu'il ne soit pas de
« son temps.

« Je ne crois pas qu'un honnête citoyen, aux yeux
« duquel l'esprit de parti n'aurait pas mis ses lunettes,
« puisse tirer de la lecture des lettres de M. le comte
« de Chambord une objection contre l'avénement de
« ce noble prince au trône qu'ont occupé ses aïeux,
« les auteurs de la France, et je voudrais que tout
« Français lût et relût ce que je viens de lire. »

Comment s'étonner maintenant que les délégués
aient obtenu du Prince une complète satisfaction sur
nos libertés publiques ?...

Concession, dit-on, dans un sens qui implique une capitulation du prince.

Oui, du fantôme que la calomnie fait recevoir à la crédulité : mais de lui-même? nullement. « Sur la « question des garanties constitutionnelles, a dit le « délégué rapporteur de sa mission auprès de lui, « on peut dire que j'ai enfoncé une porte ouverte. Le « Roi était disposé *par avance* à la plus complète « harmonie de sentiments avec les membres libéraux « de l'Assemblée (1). »

(1) *Par avance :* voici en effet, notamment, ce que, il y a *vingt-trois ans*, proclamait M. le comte de Chambord dans sa lettre du 22 janvier 1851 à Berryer : — « Dépositaire du principe fondamental « de la Monarchie, je sais que cette Monarchie ne répondrait pas à « tous les besoins de la France si elle n'était pas en harmonie avec « son état social, ses mœurs, ses intérêts, et si la France n'en recon- « naissait et n'en acceptait la nécessité. Je respecte mon Pays autant « que je l'aime. J'honore sa civilisation et sa gloire contemporaine « autant que les traditions et les souvenirs de son histoire. *Les* « *maximes qu'il a fortement à cœur* et que vous avez rappelées à la « *tribune, l'égalité devant la loi, la liberté de conscience, le libre* « *accès pour tous les mérites à tous les emplois, à tous les honneurs,* « *à tous les avantages sociaux ; tous ces grands principes d'une société* « *éclairée et chrétienne me sont chers et sacrés comme à vous, comme* « *à tous les Français.* Donner à tous ces principes *toutes les garanties* « qui leur sont nécessaires *par des institutions conformes aux vœux* « *de la nation,* et fonder, *d'accord avec elle,* un gouvernement régu- « lier et stable, en le plaçant sur la base de l'hérédité monarchique, « et *sous la garde des libertés politiques* à la fois fortement réglées « et loyalement respectées, tel serait l'unique but de mon ambition. « J'ose espérer qu'avec l'aide de tous les bons citoyens, de tous les « membres de ma famille, je ne manquerai ni de courage ni de per- « sévérance pour accomplir cette œuvre de restauration nationale, « seul moyen de rendre à la France ces longues perspectives d'avenir « sans lesquelles le présent, même tranquille, demeure inquiet et « frappé de stérilité.

« Après tant de vicissitudes et d'essais infructueux, la France,

Concessions d'ailleurs héréditaires dans sa famille, qui remontent à la Restauration, qui remontent à Louis XVI, *Restaurateur des libertés françaises*, et à 89, non du lendemain, mais de la veille. « L'his- « toire de notre maison, a-t-il pu dire en toute vé- « rité aux membres de l'Assemblée, prouve que nous « avons toujours su transiger et nous accommoder « aux circonstances et aux exigences du temps. »

Concessions ainsi éprouvées par trois règnes mo- narchiques qui en ont eu l'initiative depuis quatre- vingt-cinq ans, et hors desquels on en chercherait en vain la sincère et honnête réalisation en France.

C'est que, pour cela, pour toutes ces libertés, il faut un principe tout à la fois producteur et régulateur, sans lequel elles seront toujours illusoires, soit par la licence démagogique qui les viole ouvertement, soit par le pouvoir dictatorial qui ne peut que les promettre et jamais les porter.

Cette base, ce principe, c'est l'*Autorité*, qui ne se trouve que dans la Monarchie.

« éclairée par sa propre expérience, saura, j'en ai la ferme confiance, « reconnaître elle-même où sont ses meilleures destinées. Le jour « où elle sera convaincue que le principe traditionnel et séculaire de « l'hérédité monarchique est la plus sûre garantie de la stabilité de « son gouvernement, du développement de ses libertés, elle trouvera « en moi un Français dévoué, empressé de rallier autour de lui toutes « les capacités, tous les talents, toutes les gloires, tous les hommes « qui, par leurs services, ont mérité la reconnaissance du Pays. »

On parle de manifeste : en voilà un, entre cent, et qui n'est pas suspect. M. le comte de Chambord a toujours parlé ainsi ; il n'a plus à le faire, au moment surtout où un tel langage pourrait paraître intéressé. Il a à attendre qu'on lui montre qu'il ait jamais parlé autre- ment. En un mot il n'a pas à devenir libéral : il l'est ; et de bon aloi.

Chose étrange ! on appelle concession de l'arbre ce qui en est le fruit, et, attachant à cette idée de concession un sens de diminution, on ne croit s'assurer le fruit qu'en amoindrissant l'arbre, qu'en le coupant. C'est ce que Montesquieu appelle la politique des sauvages, qui sont les radicaux de l'humanité. Mais ce qui montre à quel point l'esprit public est atteint de ce fatal antagonisme, c'est que les conservateurs eux-mêmes n'en sont pas exempts.

L'Autorité donc, *pour* la liberté, et par là même *avant* la liberté, comme l'arbre pour le fruit et avant le fruit : par antériorité de principe et de raison et concomitance d'exercice ; car, sans l'Autorité, nulle liberté, nul ordre, nulle société même.

Et n'est-ce pas pour cela même, pour cela seul que nous allons à M. le comte de Chambord ? Quel autre sentiment nous y porte ? Ce n'est pas l'amour, ni la fidélité, ni même le culte du droit : hélas ! nous ne sommes plus capables de ces sentiments, même à l'égard du prince qui par son titre, sa destinée et son caractère, les justifie le plus. Il faut bien le dire, nous allons à lui par intérêt, par nécessité. Et nécessité de quoi ? Incontestablement de l'AUTORITÉ dont il porte en lui le vrai principe, et dans ce principe tout ordre et toute liberté. *Il ne vaut que par ce principe, sans lequel il n'est rien,* comme il l'a dit justement, quoique modestement, lui-même. Voilà le vrai.

Eh bien, soyons au moins intelligents et conséquents. Ne marchandons pas notre propre intérêt, ne disputons pas cela même que nous voulons acquérir ; car ce n'est

pas au prince que nous ferions grief : c'est à nous-
mêmes.

Pardonnons-lui du moins, si nous ne nous en féli-
citons, que notre suprême intérêt étant lié à son droit
et à son honneur, il sauve celui-là en défendant ceux-ci,
et qu'il ne soit pas homme à se diminuer et à nous perdre. Concédons-lui le principe même de ses concessions, sans lequel celles-ci nous replongeraient dans
l'abîme même d'où il nous tire. Ayons le sens politique de toute nation qui veut subsister, nous qui
avons à nous relever : le respect, la religion de l'Autorité.

C'est heureusement ce que comprend très-bien pour
nous M. le comte de Chambord, en attendant que nous
le comprenions nous-mêmes ; et j'admire, pour mon
compte, combien en cela même il est approprié à notre
besoin et digne de notre confiance, par son caractère
tout à la fois ferme et conciliant, résolu et mesuré,
noble et populaire, monarchique en un mot et vraiment royal ; et avec quel instinct de sa mission il gou-
verne parmi tant de difficultés, sans déroger jamais à
l'honnêteté et à l'honneur qui le distinguent.

C'est ce qui apparaît surtout dans *la question du
Drapeau.*

## II

## LE DRAPEAU

La conduite de M. le comte de Chambord à ce sujet pourrait encore ne pas être comprise.

Il importe au plus haut point de l'examiner pour la juger.

Son manifeste de 1871 sur le Drapeau blanc l'a élevé fort haut dans l'estime de tous. Mais en même temps il se perdait dans l'esprit des politiques ; et c'est précisément parce qu'il se perdait, par une fidélité d'honneur si rare de nos jours, que ce désintéressement lui valait l'estime.

Aujourd'hui, il semblerait à plusieurs déchoir de cette hauteur en se relâchant sur cette question.

Il faut s'entendre :

Avant la reconnaissance de son droit et son appel par le pays, oui, une transaction sur le drapeau impliquerait pour M. le comte de Chambord une diminution, parce qu'elle aurait le caractère d'une *condition* incompatible avec le principe d'Autorité qu'il nous apporte.

Mais, ce principe une fois rétabli au milieu de nous dans sa personne, le Roi, dans la pleine liberté de son initiative, s'inspirant des nécessités de la situation, de l'état des esprits, et des témoignages de respect et de fidélité qu'il recevrait du pays, pourrait très-bien, de concert avec celui-ci, arriver sur cette question à une solution compatible avec son honneur et les intérêts de la France.

C'est sur ce terrain que je me crois autorisé, par les paroles mêmes du Prince, à me placer pour dire que le manifeste de 1871 sur le drapeau blanc ne lierait pas absolument la sagesse du Roi et son amour pour la France, et que, retrouvant dans son cœur les sentiments de celui de ses ancêtres que la reconnaissance publique a appelé *Père du Peuple*, Henri V saurait oublier les griefs faits au comte de Chambord.

C'est dans ces termes présupposés que je vais toucher la question du Drapeau.

Je disais il y a huit mois, à propos de la politique de la fusion comme on l'entendait alors :

« Henri V a déjoué tout cela d'un mot franc et digne
« de sa race : *Je ne serai jamais le roi légitime de la*
« *Révolution* ; — et il a planté son drapeau.

« Il a planté son drapeau, et on lui en a fait un
« crime. Je ne prétends pas m'ériger en juge de cette
« question du drapeau *en lui-même*. Il faut, selon
« moi, la réserver. Mais *relativement à la circon-*
« *stance* (et à la question engagée), qui ne voit que le
« Roi n'a voulu autre chose par là que *s'affirmer*, que
« *traduire en signe* sa déclaration anti-révolutionnaire
« et monarchique (1) ? »

(1) *La Révolution et l'Ordre chrétien*, p. 350 de la 1<sup>re</sup> édition.

Ainsi, dès lors, tout en approuvant le Manifeste du Prince, je réservais la question du Drapeau *en lui-même*, c'est-à-dire indépendamment de sa signification politique.

Or, comment la conciliation du Manifeste et de cette réserve m'apparaissait-elle alors ?

Par une raison devenue plus forte aujourd'hui; parce que d'hypothétique elle est devenue réelle.

Cette raison, la voici :

Il faut se reporter à l'époque du Manifeste de 1871. Les princes d'Orleans et leur parti, de longue date, croyaient devoir *imposer* le drapeau tricolore à M. le comte de Chambord. C'était le prix de la Fusion. M. le comte de Paris était sur le point de faire, dans ces conditions, sa démarche auprès de M. le comte de Chambord. Celui-ci, avec autant de loyauté que de justesse, prévint cette démarche qui aurait faussé la situation pour tous deux, et il fit paraître son Manifeste.

La preuve qu'il avait vu juste et agi à propos, c'est que M. le comte de Paris s'arrêta, et que le plus violent mécontentement éclata dans son parti, en des termes qui trahirent la méconnaissance du principe monarchique dans M. le comte de Chambord, et par des prétentions qui n'allaient à rien moins qu'à son abdication.

C'est en effet à une abdication morale qu'il échappait en s'affirmant par le drapeau blanc, et ce fut là la grande raison d'être du Manifeste.

Pour le comprendre, il faut se rappeler que ce n'est

pas précisément à leur origine que les trois couleurs furent un signe révolutionnaire. Elles nous apparaissent même, pour la première fois, comme une protestation contre le premier signe de l'insurrection, qui fut la fameuse feuille verte de Camille Desmoulins, au Palais-Royal, et comme un emblème de conciliation et de pacification entre la Royauté, par la couleur blanche, et la Ville de Paris par les couleurs rouge et bleue qui étaient les siennes : « La cocarde tricolore, dit Lacretelle, *substituée depuis deux jours au pre-* « *mier signe de l'insurrection,* ornait tous les cha- « peaux (1). » Depuis lors, le drapeau tricolore a eu longtemps deux destinées contraires qui ne permettaient pas à la Révolution de le revendiquer exclusivement : une destinée d'ignominie par les forfaits de la Révolution à l'intérieur, et une destinée de gloire à l'extérieur par la grande épopée de nos armes dans l'Europe et dans le monde. Si malheureuse, finalement, qu'ait toujours été cette gloire, elle a du moins été pure des crimes de la Révolution, contre lesquels elle était même un asile et une protestation, et les désastres auxquels son excès même devait la faire aboutir, en consacraient l'emblème du sang de nos soldats. Aussi conçoit-on que la Restauration eût pu conserver cet emblème de gloire et de malheur si l'Étranger, à ce dernier titre, n'eût voulu nous l'imposer ; et c'est autant pour protester contre cette exigence que pour s'exprimer elle-même, que la Monar-

_______________

(1) *Histoire de la Constituante,* 17 juillet 1789.

chie de 1814 reprit l'ancien drapeau sous lequel s'était fait la France, le drapeau blanc (1). Jusque-là donc

(1) M. de Talleyrand avait déféré à cette exigence de nos vainqueurs. M. le comte d'Artois ne voulut pas y souscrire. Mais, conciliant, avec un tact parfait, cette indépendance de l'Étranger et ce qui était dû à nos gloires, il parut avec la cocarde blanche et l'uniforme tricolore de l'héroïque garde nationale de Paris, qui elle-même prit la cocarde blanche. Ce fut, dit M. Thiers, *une sorte de transaction entre les deux drapeaux*. (*Histoire du Consulat et de l'Empire*, t. XVII, p. 814).

Il est à remarquer que c'est à des circonstances analogues que remonte l'origine du drapeau blanc en France.

L'étendard de la France a été successivemement rouge, bleu et blanc. Sans remonter à la chape de Saint-Martin, ce fut d'abord l'oriflamme rouge de saint Denis, emblème religieux du martyre. Puis, quand la France se *croisa*, et à partir de Philippe-Auguste, elle adopta la croix rouge sur un fond bleu, jusqu'à Charles VII. A cette époque, les Anglais ayant envahi la France s'en croyaient tellement les maîtres que, pour en affecter la conquête, ils en prirent le drapeau, qu'ils ont encore dans un quartier du leur. Ce fut alors que l'âme de la France, incarnée dans *la Vierge de Vaucouleurs*, déploya pour la première fois cette bannière blanche si terrible à nos ennemis, comme le signe vengeur, non-seulement de notre inviolabilité, mais de notre primauté nationale, par la propriété qu'a le blanc, comme la lumière, de contenir en soi toutes les couleurs.

Mais ce qu'on ignore généralement, c'est qu'alors que le Drapeau blanc, surtout à partir de Henri IV, justifiait de plus en plus, par ses conquêtes et notre agrandissement, ce caractère national, nos Rois, comme pour le réserver à la France même, se bornèrent à joindre le blanc, au bleu et au rouge, pour faire de ces trois couleurs, telles que nous les avons aujourd'hui, celles de la Maison de Bourbon partout : en Espagne et à Naples comme en France.

De sorte que, chose bizarre ! ironie de l'événement ! lorsque, par un mouvement de nationalité et d'indépendance, la France a changé le drapeau blanc contre le drapeau tricolore, il est arrivé que c'est son drapeau à elle, le drapeau national qu'elle répudiait, pour prendre la livrée de ses rois ; et aujourd'hui encore il se trouve que, sans le savoir, nous sommes plus serviteurs de la Monarchie qu'elle ne le

le drapeau tricolore n'impliquait pas une signification absolument révolutionnaire.

Mais le vrai jour où il a pris cette signification, c'est en 1830 : non-seulement sur les barricades de juillet contre le trône; mais surtout sur ce trône même.

Le drapeau blanc alors prit le chemin de l'exil, nous laissant la conquête de l'Algérie, et emportant dans ses plis le principe monarchique, dans la personne de cet enfant sur le berceau duquel il avait flotté, et dont Odilon Barrot disait à l'aïeul en le quittant, *le 5 août* 1830 : « Conservez bien cet enfant précieux, sur lequel « reposent les destinées de la France ! »

C'est quarante ans après, — quarante ans de proscription pour lui, quarante ans de révolution pour nous, — qu'à bout de tout élément national et social, on est venu à cet enfant devenu homme et *un homme*, et qu'on lui a demandé son principe monarchique, que nous avons nous-mêmes rendu identique à sa personne et à son drapeau en les enveloppant dans la même proscription, et on le lui a demandé au nom du contre-drapeau de cette proscription, qui, dans les mains de celui qui le portait, était la violation héréditaire de ce principe même. C'est-à-dire qu'on lui demandait, non-seulement la violation d'un dépôt, le sacrifice de son honneur, l'abdication de son droit; mais la sanction de cette révolution dont lui et nous,

demande, et que c'est elle qui tient au drapeau national, à *notre* drapeau, plus que nous.

Dans ces conditions, la transaction semblerait ne devoir coûter rien à personne.

et nous encore plus que lui, sommes les victimes!

C'est dans la situation qui lui était ainsi faite qu'il s'est révélé tout ce qu'il était, en se montrant plus digne de nous que nous ne l'étions de lui. Il a élevé son drapeau, c'est-à-dire sa personne, c'est-à-dire son principe, et il a dit : « Non, on n'obtiendra jamais de moi que je consente à devenir *le roi légitime de la Révolution!* » Et il a professé sa fidélité au drapeau blanc en ces termes émus qui tenaient à la situation, et auxquels la conscience humaine dans le monde entier a applaudi.

Ce jour-là il nous a sauvés; car ce jour-là il a sauvé le principe monarchique qui nous sauvera, et dont nous avions fait nous-même de longue date une question de drapeau.

Voyez en effet ce qui en est résulté.

La fusion, telle qu'on voulait qu'elle se fît, c'est-à-dire révolutionnaire, a avorté. Heureusement, car c'eût été la récidive de 1830, et, pis encore, le suicide de la monarchie dans son représentant.

Au lieu de cela, nous avons eu l'acte vraiment réconciliateur et réparateur du 5 *août.*

En présence du chef de la maison de France, en présence de ce drapeau du droit monarchique tenu haut dans sa main, M. le comte de Paris, obéissant à l'inspiration la plus noble, l'inspiration du devoir relevé par le sacrifice, a été s'incliner, « saluant en lui, « non-seulement le chef de la maison de Bourbon, « mais encore le seul représentant du principe mo- « narchique en France. »

Ce jour-là, 1830 a été effacé. Ce grand acte a réagi
contre quarante-trois ans de Révolution. Le cycle de
ce funeste écart a été clos. Nous nous sommes trouvés
reportés au sommet monarchique d'où nous n'avions
cessé de déchoir.

Et l'épreuve de cette démarche, qui en a fait tout le
mérite, toute la portée et toute la signification, c'est le
manifeste du Drapeau blanc en regard duquel elle
s'est faite.

Si, comme on le voulait d'abord, c'eût été le comte
de Paris qui eût été imposer le drapeau de 1830 au
royal proscrit, et que celui-ci l'eût subi, tout eût été
avili, et la situation fût restée fausse. Par le contraire,
tout été ennobli, et la situation est des plus franches.

Le comte de Chambord par la ferme conscience de
son droit, le comte de Paris par la reconnaissance
sans réserve de ce droit, ont tout pacifié.

Qu'il est beau de les voir tous deux, ne s'étant jamais connus qu'à travers les hostilités funestes de nos
discordes, s'étreindre dans un mutuel sentiment de
justice et de paix, supérieur à eux-mêmes, et en
eux tout ce qu'il y a d'honnêtes partis en France !

M. le comte de Chambord a bien montré alors tout
ce qu'il y avait d'impersonnel dans sa légitime exigence, et que ce qui était taxé de roideur et d'obsti-
nation dans sa conduite n'était que droiture et intégrité. Tout s'est détendu en lui, et le Roi reconnu n'a
été que père. M. le comte de Paris, de son côté, n'a
pas moins révélé la loyauté et la probité de son caractère en ne gardant pas pour lui seul l'impression de

respect et d'émotion qu'il remportait de cette mémorable entrevue, et en la communiquant à tous les siens, qui, eux aussi, n'ont pas tardé à aller la recueillir et à sceller de leurs hommages la réconciliation qu'elle impliquait.

*Tout a été bien fait.* Il n'y a plus aujourd'hui opposition ni même dualité de branches : la cadette a été greffée sur l'aînée. Il n'y a plus un tronc sans rameaux, ni des rameaux sans tronc. Le chef a acquis des héritiers et ceux-ci un chef légitime, et le Roi se présentera escorté de la chevaleresque fidélité de toute sa Maison, offrant à la France une diversité hiérarchique de princes dignes de son orgueil et de son amour, et gages d'un long avenir dynastique.

En vérité, bien aveugle, qui, rapprochant le 5 août 1873 du 5 août 1830, et voyant, après tous les tragiques événements qui se sont passés entre ces deux dates, comment se dénoue, après quarante-trois ans, le drame de nos révolutions et de nos malheurs, ne reconnaîtrait dans ce dénoûment la main de la Providence !

Ce dénoûment rendra désormais possible celui de la question du Drapeau.

Le manifeste du Drapeau blanc a porté son fruit. Salué par les princes d'Orléans, il a purgé le Drapeau tricolore de la fâcheuse signification qui l'entachait. Celui-ci n'est plus le Drapeau de la Révolution qu'il était avant. C'est le Drapeau de l'armée ; et M. le comte de Chambord, trop Français pour être en reste de générosité envers le pays qui va au-devant de lui sur les

pas des princes, a pu déjà dire : « Oui, je saluerai le
« drapeau que les soldats français me présenteront
« à mon retour en France, car ce drapeau, teint de
« leur sang, est digne de mon respect. »

Ce n'est pas que M. le comte de Chambord désavoue
aucun mot de son manifeste, et que le drapeau blanc
ne lui tienne au cœur : « Je l'ai reçu, a-t-il dit, comme
« un dépôt sacré du vieux roi mon aïeul, mourant
« en exil; il a toujours été pour moi inséparable du
« souvenir de la patrie absente. Il a flotté sur mon ber-
« ceau; je veux qu'il ombrage ma tombe. »

Ne regrettons pas ces paroles et ne craignons pas de
les rappeler, car elles montrent toute la séve d'honneur, de patriotisme et de fidélité que cette âme de
Roi apporte à nos temps épuisés. Rappelons-nous que
l'intégrité du principe monarchique étant menacée
dans ce Drapeau qui en était alors le seul symbole, il
était beau à lui de se l'identifier et de s'en envelopper,
comme un soldat qu'on sommerait de se rendre; et
qu'en le sauvant, il sauvait ce principe de tout ordre et
de toute liberté qu'il nous apporte aujourd'hui. Il ne
défendait pas seulement un glorieux passé, mais le
germe social de notre avenir. « Dans les plis glorieux
« de cet étendard sans tache, disait-il en effet en même
« temps, je vous apporterai l'ordre et la liberté... Par
« mon inébranlable fidélité à ma foi et à mon dra-
« peau, c'est l'honneur même de la France et de son
« glorieux passé que je défends ; c'est son avenir que
« je prépare... »

Maintenant que la noble soumission des princes en

face de ce langage a désintéressé l'intégrité du principe monarchique de la question du drapeau, on peut
dire qu'il n'y a plus matière à concession de la part
du Roi.

Mais s'il n'y a pas matière à concession, il y a matière à sacrifice.

Et c'est bien différent.

On est diminué par la concession : on grandit par le
sacrifice.

S'il était dit que l'héritier de nos rois dût faire aujourd'hui le sacrifice du Drapeau sous lequel s'est fait la
France, et où sont restées inscrites toutes les conquêtes
et toutes les gloires que nous lui devions et que nous
avons perdues en si grande partie depuis, — question
dont seul il peut être juge, — il aurait à nos yeux un
double mérite : celui de l'avoir fidèlement défendu
dans sa signification monarchique, et celui d'en faire
le sacrifice en ce qu'il y attache d'affection.

Ce sacrifice devrait-il être entier? Le pays serait-il
moins généreux que le prince? Ne comprendrait-il pas
l'intérêt politique qu'il y a pour lui-même à sceller
cette nouvelle ère de rénovation conservatrice et sociale
d'une modification monarchique au drapeau qui a été
si longtemps celui de la révolution et du despotisme?

Tout fait croire le contraire, et, dans tous les cas, « le
« Roi sera rappelé *sans condition*, toutes choses en
« l'état. Puis, sur cette question, comme sur toutes
« les autres, le Roi conserve son initiative, sans qu'au-
« cune modification puisse être apportée au drapeau
« que par son accord avec les représentants de la

« France, se réservant de proposer, par leur entremise,
« une solution compatible avec son honneur et de
« nature à satisfaire à la fois l'Assemblée et le Pays. »

Telles sont les sages et dignes préliminaires officieux
de ce grand rétablissement de la Monarchie par le
Pays, et du Pays par la Monarchie.

Quoi qu'il arrive, nous sommes dans la voie ouverte
depuis le 24 mai et le 5 août par la Providence, par
cette Providence dominatrice et modératrice des partis,
dont *la sagesse atteint d'un extrême à l'autre avec
force, et dispose toutes choses avec douceur.*

L'acte dominateur de la situation est l'appel du Roi
par le Pays, et son avénement à cet appel, par une réciproque confiance, qui ne nous honore pas moins
que lui.

Vainement, après cela, mettrait-on des difficultés
sur son chemin. Il répondrait comme Henri IV à ses
propres coreligionnaires : « Dieu me dit que je passe
« et que j'aille. Il n'est pas en la puissance de l'homme
« de m'en garder, car Dieu me guide et passe avec
« moi (1). »

Ce n'est pas qu'il faille venir lui répéter ce vilain
mot que n'a jamais dit Henri IV, et que démentent
si noblement les grandes paroles que je viens de rap-
porter : *Paris vaut bien une messe* (2). Ce serait lui
proposer un acte de renégat. Il répondrait avec l'in-
dignation d'Alceste :

Reprenez votre Paris !

(1) *Mémoires de Lestoile*, édit. Michaud et Poujoulat, p. 291.
(2) Le mot, paraît-il, est de Sully.

3

Combien plus conforme aux sentiments religieux du Prince, autant qu'à la nature des maux qu'il est appelé à guérir dans notre malheureux pays, cette belle parole qui lui fut dite un jour par un représentant des plus appréciés et des plus aimés de l'Assemblée : « Monseigneur, permettez-moi de vous proposer un « exemple que, celui-là, vous ne pourrez pas décliner : « c'est celui du Rédempteur, qui, pour sauver l'huma- « nité pécheresse, ne craignit pas de la revêtir. »

Sans doute, mais sans la faute, *absque peccato*, et pour transfigurer cette humanité dans la gloire de son principe, jusqu'à la rendre resplendissante comme le soleil et blanche comme la neige, *sicut nix*.

Quel que soit le drapeau, ainsi paraîtra-t-il dans les mains de Henri V, pour le salut et l'honneur de la France.

Ainsi disais-je, lorsque la Lettre de M. le comte de Chambord du 27 octobre est tombée au milieu de toutes les équivoques et de toutes les fausses interprétations qui étaient venues dénaturer les *paroles* rapportées de lui par les délégués, et en a rompu la trame.

Ces paroles, dont il a ratifié le rapport par les témoignages de sa vive gratitude pour l'honorable M. Chesnelong, surnagent donc aujourd'hui comme une planche de salut dans le naufrage de la tentative, et m'ont paru pouvoir donner lieu encore aux réflexions qui vont suivre.

5 novembre 1873.

Au moment où le pays, après avoir été sur le point d'arriver à la monarchie, va courir de nouvelles aventures, qu'il ne soit pas dit au moins que nous aurons péri sur un malentendu, à la faveur duquel pourraient s'égarer encore les responsabilités de l'avenir.

Un dernier mot, en éclairant bien l'entrée de ce port que nous manquons, nous ménagera peut-être la possibilité d'y revenir.

On s'est dit :

La Monarchie n'est possible que moyennant :

1° Des garanties constitutionnelles ;

2° Le maintien du drapeau tricolore.

On a été porter à M. le comte de Chambord ces exigences.

Qu'a-t-il répondu?

Les garanties constitutionnelles? Je les ai toujours professées moi-même. Il n'y a pas là matière à concession, mais à la plus complète harmonie.

Le drapeau? Je ne demande pas qu'il y soit dès à présent rien changé, et je serai le premier à le saluer.

Je prends le Pays tel qu'il est.

Mais, d'autre part, je demande que le Pays me prenne tel que je suis.

Préalablement à mon avénement, je ne veux pas plus octroyer de Charte que je ne veux qu'on m'impose une Constitution.

Je ne veux pas plus imposer le drapeau blanc que je ne veux me laisser imposer le drapeau tricolore.

Je demande que tout soit réservé, si ce n'est encore que, la France étant en possession du drapeau tricolore, elle le gardera durant cette réserve.

C'est dans ces conditions, plutôt favorables à vous qu'à moi, que doit se faire mon avénement.

Seulement, il y aura ensuite à régler ou à résoudre, entre la France et moi, les points réservés.

Et comment?

Par vous seul? ou par moi seul?

Nullement.

Ensemble, de concert.

Pour les libertés, auxquelles je ne suis pas moins porté que vous, elles seront réglées par une Constitution faite en commun.

Pour le drapeau, *aucune modification n'y sera apportée que par mon accord avec les représentants du pays, me réservant de proposer, par leur entremise, une solution compatible avec mon honneur et de nature à satisfaire à la fois l'Assemblée et le pays.*

Telle a été l'attitude de M. le comte de Chambord.

Quoi de plus raisonnable? quoi de plus digne à la fois et du Roi et du Pays? quoi de plus royal et en même temps de plus libéral?

Sans doute, c'est un terrain de confiance et d'honneur réciproque. Mais qui en est plus digne que M. le comte de Chambord, lui qui fait au Pays la même confiance et le même honneur qu'il réclame, et qui, le premier, s'y livre et dit : « Sur ce terrain-là, on ne « peut manquer de s'entendre. »

Mais on a voulu plus, et c'est par là que la situation a été faussée.

On a voulu trancher, d'ores et déjà et à toujours, les questions, notamment celle du drapeau, sans le Roi et contre le Roi. On a voulu lui faire *amener son pavillon*. On n'a voulu le recevoir qu'en le faisant marcher sur le drapeau blanc.

Cela transpirait de partout et ressortait même misérablement de certains journaux qu'on croirait autorisés tant ils se font graves (1).

C'est contre cette exigence, et cette exigence seule qu'il a protesté.

Et pourquoi ?

Est-ce parce qu'il y allait de son honneur ?

. Sans doute : et qui ne le comprend? Qu'aurait-on dit s'il avait voulu imposer une pareille exigence au pays, à l'armée, à l'égard du drapeau tricolore? Par notre honneur jugeons du sien ; et ne faisons pas douter de celui-là en ne rendant pas hommage à celui-ci.

. Mais il y a dans sa protestation autre chose que ce sentiment d'honneur qui est en lui l'homme même.

_______

(1) Ce n'est pas aux commissaires délégués qu'il faut imputer cette indigne pensée : le Pays leur doit les mêmes témoignages de reconnaissance et de sympathie que leur a si justement adressés M. le comte de Chambord.

Il y a une raison politique évidente comme le bon sens.

C'est que dans cette question d'honneur il y va de son autorité et de son caractère de Roi, lesquels, amoindris et avilis, ne lui laissent plus le pouvoir d'en remplir l'office.

« Les prétentions de la veille, a-t-il dit très-jus- « tement, me donnent la mesure des exigences du « lendemain, et je ne puis consentir à inaugurer un « règne réparateur et fort par un acte de faiblesse. »

Or, avons-nous besoin d'un roi, oui ou non?

Sans doute oui, puisque nous n'appelions M. le Comte de Chambord qu'à ce titre.

Eh bien alors, soyons conséquents et de bonne foi.

Ne commençons pas par dégrader et déposer celui que nous voulons mettre à notre tête.

Pardonnons-lui de ne pas vouloir, dans notre propre intérêt, le souffrir.

Honorons-le de ce que, contre son propre intérêt, il s'y refuse.

Loin de l'écarter pour cela, allons le chercher pour cela.

« Nous avons ensemble une grande œuvre à accom- « plir », nous dit-il dans ce langage si honnête et si français dont il a gardé le secret dans la profondeur des sentiments qu'il exprime, « je suis prêt, tout prêt à « l'entreprendre quand on le voudra, dès demain, dès « ce soir, dès ce moment. C'est pourquoi je veux res- « ter tout entier ce que je suis. Amoindri aujourd'hui, « je serais impuissant demain.

« Il ne s'agit de rien moins que de reconstituer sur ses
« bases naturelles une société profondément troublée,
« d'assurer avec énergie le règne de la loi, de faire
« renaître la prospérité au dedans, de contracter au
« dehors des alliances durables, et surtout de ne pas
« craindre d'employer la force au service de l'ordre et
« de la justice...

« Je suis le pilote nécessaire, le seul capable de con-
« duire le navire au port, parce que j'ai mission et
« autorité pour cela. »

Est-ce vrai cela ? N'est-ce pas là notre situation et
ce qu'elle commande? Peut-on trouver une âme et un
caractère de Roi mieux faits pour la comprendre et la
servir, et en qui le titre soit plus d'accord avec l'intel-
ligence et le sentiment de sa mission?

Et c'est ce suprême et providentiel secours que nous
ne voulons admettre qu'à la condition qu'il com-
mence par perdre toute sa vertu, toute son autorité et
toute sa force dans son caractère et son honneur !

Mais nous sommes insensés.

Les naufragés de la *Méduse* se soutenaient du
moins les uns les autres pour héler le vaisseau qui
leur apparaissait à l'horizon, et ils n'achevaient pas de
s'entre-dévorer plutôt que d'être recueillis à son bord,
parce que le drapeau de ce vaisseau était royal, alors
que lui allait à eux sans être arrêté par la couleur du
signal de détresse qu'ils lui faisaient.

Il faut dire le mot : M. le comte de Chambord a un
tort irrémissible à nos yeux : c'est d'être le Roi, l'Autorité légitime. Il est entaché de son droit, de son prin-

cipe, et des convictions si chevaleresques et si chrétiennes qui en font de lui l'incarnation. C'est le tort du remède aux yeux du malade. Il a beau être intelligent des temps modernes et prêt à se sacrifier à tous leurs besoins, il a beau être libéral et plus libéral que nous. Il ne le sera jamais assez tant qu'il se réservera la moindre autorité nécessaire à la liberté même. Ce n'est pas la liberté que nous voulons : c'est à l'Autorité que nous en voulons. Nous avons horreur de la soumission jusqu'à lui préférer la servitude ; et jusqu'à faire largesse à la dictature de ces mêmes libertés dont nous sommes si injurieusement jaloux contre l'Autorité. Et telle est la détresse de la situation que c'est encore sagesse.

Cette dictature, — heureusement loyale, — nous rendra-t-elle du moins le goût de l'Autorité en maîtrisant toute licence et nous faisant sentir le prix de la liberté, en servant de transition de l'anarchie à la monarchie? — Nous sera-t-il donné de pouvoir revenir à la Royauté? — Faut-il lui adresser au contraire ce suprême adieu auquel M. Thiers conviait autrefois ses détracteurs : « Saluez en passant ces rives « heureuses ; car vous ne les reverrez plus? »

A cette question sont suspendues toutes les destinées... et l'existence même de la France.

J'ai la ferme confiance qu'elle se résoudra par son salut.

FIN.

www.ingramcontent.com/pod-product-compliance
Lightning Source LLC
Chambersburg PA
CBHW061442050726
47593CB00004B/1423